ワンパンで面倒なし！

フライパン

革命

リュウジ

フライパン1つで ここまでできる！
革命的なフライパン飯！

焼く、炒める、揚げる、煮る……あらゆる調理に対応！

炒めもの、揚げもの、煮込み、ラーメンやパスタなど、
フライパンさえあれば
大体のものが作れるから、
鍋がなくても大丈夫！
料理をはじめたいあなた、
まずは
フライパンを買いましょう。

後悔はさせません！

肉はカリッと、
野菜はシャキッと
食感のよさを味わえる！

フライパン最高！

2

肉に香ばしい焼き色をつけたり、
野菜をシャキシャキに炒めたり……。
火の通し方や調理法で、
素材の食感とおいしさを
最大限に引き出します。

火の通りが
早いから
調理時間の短縮に！

**表面積が大きい
フライパンは、**
鍋よりも火の通りが早い。
煮込みは煮る時間を短縮できるし、
麺やパスタをゆでるときも
**じつはフライパンが
便利**なんです。

3

リュウジ式 フライパン テクニック

ひと手間で
うまさが
違う！

火加減は臨機応変に！

フライパン調理で大事なのは火加減。僕の場合、基本は中火。にんにくや赤唐辛子を炒めて香りを出すときや、時間をかけてじっくり煮込むときは弱火、アルコールをとばすときや、煮汁を煮詰めるときは強火と使い分けています。ただし、レシピによって違うので、「こうでなければいけない」という決め事はナシ。いろいろ作って感覚的に覚えるのが一番です。

肉は粉をまぶし、うまみを閉じ込める

僕は肉を炒めたり、焼いたりするときは、塩、こしょうで下味をつけ、薄力粉（片栗粉）をまぶすことが多い。洋風は薄力粉、中華風は片栗粉と料理によって使い分けているけれど、どちらでもOK。炒めるときは、肉にあまり触らず、焼きつけるのがコツです。

● 粉をまぶす理由

・うまみや水分を閉じ込め、長く加熱しても、かたくなりにくい。
・表面をカリッと焼くことができる。
・調味料がからみやすい。

揚げものは「揚げ焼き」で作る！

揚げものを作るのはハードルが高いので、僕はフライパンで揚げ焼き派。油の量が少なく、調理後の後片付けもラク。特にから揚げは、空気に触れさせた方がカリッと揚がるので、むしろ揚げ焼きの方がおいしく作れます。

● 揚げ焼きのポイント

・小さめのフライパンを使うと、油の量を節約できる。
・油の量は食材を入れたとき半分ほど浸かるくらいが目安。
・油をよく熱してから、食材を入れる。
・肉は大きめに切る方が、かたくなりにくい（から揚げの鶏肉は1枚を8等分くらい）。
・火が通ったかどうかの確認は、厚みがある部分にフォークを刺し、唇の下にあてて熱さを感じればOK。1つ切って確かめてもよい。
・油きり用の網がない場合、バットなどにラップを敷き、ペーパータオルを重ねて代用。ラップとペーパーを捨てればいいので片付けがラク。

フライパンの選び方

フライパンは、フッ素樹脂コーティング（テフロン加工）のものが
おすすめ。焦げつきにくく、汚れがすぐ落ちてお手入れも簡単です。
豚バラなど肉から脂が出る食材は、サラダ油なしで
調理できるのもポイント。大小あると使い勝手がよく、
ある程度、深さがあるものを選ぶと煮込みにも使えて便利です。

本書で使用した フライパン

大…直径26cm、
　　深さ6cm

小…直径20cm、
　　深さ5cm

＊料理によってはスキレ
ット（鉄製のフライパン）
を使うことも。保温性
が高く、見た目もおし
ゃれで、調理後はその
まま食卓へ出せます。

本書では直径15cm
と20cmを使用。

僕の一軍調味料

家にある普通の調味料で、
革命的なフライパン飯が作れます。

1　中華スープの素
　　（ペースト）
2　オリーブ油
3　ごま油
4　うまみ調味料
5　焼き肉のたれ
6　みりん
7　酒
8　コンソメ（顆粒）
9　黒こしょう
10　にんにく

11　塩
12　麺つゆ（3倍濃縮）
13　レモン汁
14　ドライパセリ
15　白だし
　　（100mlあたり塩分
　　10g前後のもの）
16　ラー油
17　しょうゆ
18　一味唐辛子
19　七味唐辛子
20　バター

Contents

7章 1品で満足! のっけ飯＆炒め飯

8章 秒で作れる 即席麺

STAFF
写真　鈴木泰介
スタイリング　本郷由紀子
デザイン　廣田萌（文京図案室）
調理アシスタント　岡本春香
編集協力　矢澤純子
編集　松尾麻衣子（KADOKAWA）

秒殺！
極上の
肉レシピ

1章

究極の丸ごと
ステーキ！

肉を存分においしく食べるなら
豪快に焼こう。

トマトの力で
あと味さっぱり！
どんな肉にも
合います

ビーフステーキ フレッシュトマトソース

材料（2〜3食分）

牛ステーキ肉……1枚（300〜400g）
玉ねぎ（みじん切り）……¼個（50g）

a トマト（角切り）……1個（160g）
　おろしにんにく……1片分
　うまみ調味料……3ふり
塩・こしょう……各適量
オリーブ油……適量

作り方

1 フライパンにオリーブ油大さじ1 ½を入れて中火で熱し、玉ねぎをさっと炒める（A）。**a** を加えて塩、こしょうを強めにふり、とろみがつくまで軽く煮詰めたら（B）、取り出す。

2 きれいにしたフライパンにオリーブ油小さじ2を熱し、塩、こしょうをした牛肉を入れて焼き目をつけ（C）、ふたをして好みの焼き加減で焼く。

3 肉を器に盛って**1**をかけ、好みでドライパセリをふる。

POINT ソースの玉ねぎは食感を残したいので軽く炒める程度でOK。

わさびバター

ステーキの味変に。常温で柔らかくしたバター20gと練りわさび小さじ1 ½を混ぜるだけ。肉にのせ、しょうゆをかけてどうぞ。

TOPPING!!

A

B

C

カリッと焼いた
チキンが主役！
レモンの酸味が
さわやか

チキンレモンステーキ

材料（1〜2人分）

鶏もも肉……1枚（300g）
塩・こしょう……各適量
薄力粉……大さじ1
a しょうゆ・酒・みりん
　　……各大さじ1 ½
　　うまみ調味料……4ふり
　　砂糖……小さじ⅔
レモン（5mm厚さの輪切り）
　　……3枚
バター……15g

作り方

1 鶏肉はラップをかぶせて瓶などで平らに叩き（**A**）、
全体をフォークで刺し、塩、こしょうをして薄力粉をまぶす。

2 フライパンにバターを入れて中火で熱し、**1**を焼く。
両面に焼き色をつけたら皮目を下にしてふたをし、中まで火を通して器に盛る。

3 フライパンに**a**を入れて中火で
軽く煮詰め、レモンを加えて
果肉をつぶしながら混ぜ（**B**）、
肉にかける。好みで
ドライパセリをふる。

A

B

柔らかくて
ジューシー！
間違いなく
ご飯が進む

合いびき肉の サイコロステーキ

材料（1〜2人分）

a 合いびき肉
　……200g
　塩……小さじ1/4
　こしょう……適量
　（思っている3倍）
　片栗粉
　……小さじ1
にんにく（3mm厚さ
の薄切り）……1片
b しょうゆ・
　みりん・赤ワイン

　……各大さじ1
　砂糖
　……小さじ1/2
　うまみ調味料
　……3ふり

黒こしょう・
万能ねぎ（小口切り）
　……各適量
サラダ油
　……小さじ1

作り方

1 ボウルに**a**を入れて粘りが出るまでよく練り、
四角く（厚さ約1.5cm）成形する（**Ⓐ**）。

2 フライパンにサラダ油を入れて弱火で熱し、にんにくを
こんがり色づけ、取り出す。**1**を入れて中火で焼き色を
つけたら、返してふたをし、弱火で5分ほど
蒸し焼きにする。約1.5cm角に切り、
器に盛る。

3 フライパンの油を捨て、**b**を入れて
中火で煮詰め、肉にかける。にんにくを
散らし、黒こしょう、万能ねぎをかける。

Ⓐ

材料（1〜2人分）

鶏むね肉（常温にもどす）
……1枚（300g）

塩・こしょう……各適量

a 粒マスタード……大さじ1

はちみつ……大さじ1

マヨネーズ……大さじ1½

コンソメ（顆粒）……小さじ½

おろしにんにく（好みで）……少々

サラダ油……小さじ1½

作り方

1 鶏肉は厚みのある部分に切り込みを入れ、ラップをかぶせて瓶などで平ら（約1.5cm厚さ）に叩く（**A**）。全体をフォークで刺し（**B**）、塩、こしょうをする。

2 フライパンにサラダ油を入れて中火で熱し、**1**を入れて両面に焼き色をつける（**C**）。皮目を下にしてふたをし、弱火で3〜4分、火が通るまで蒸し焼きにする。

3 肉を取り出し、**a**を入れて混ぜながら温める。器に肉を盛ってソースをかけ、好みでドライパセリをふる。

POINT 肉は瓶などで叩いてのばすと火が通りやすく、柔らかくなる。

A

B

C

鶏むね肉のビッグステーキ
ハニーマスタードソース

最強のソースで
鶏むね肉が
グレードアップ！

魅惑のから揚げバリエ！

2

から揚げはフライパンで
揚げ焼きにするのが、
じつは一番ウマイ！

カレー粉+
にんにくで
スパイシーに！

タンドリーから揚げ

材料（1〜2人分）

鶏もも肉（大きめの一口大に切る）
……1枚（300g）

a プレーンヨーグルト
　……大さじ3

　コンソメ（顆粒）……小さじ1

　塩……小さじ1/4

　砂糖……小さじ1/2

　カレー粉……小さじ1 1/2

　レモン汁……小さじ1/2

　おろしにんにく……1片分

片栗粉……適量

サラダ油……適量

作り方

1 ボウルに鶏肉とaを入れてよく混ぜ、常温で30分漬け（ ）、片栗粉を全体にまぶす。

2 フライパンに多めのサラダ油（高さ約1cm）を入れて中火で熱し、**1**をこんがり色づくまで揚げ焼きにする。

3 厚みがある部分にフォークを刺し（**B**）、中まで火が通ったか確認する（フォークを唇の下にあてて熱ければOK）。油を切って（ ）器に盛り、好みでレモンを添える。

POINT 小さいフライパンを使うと油の節約に。肉は大きめ（8等分が目安）に切ると、かたくなりにくい。

材料（2人分）

鶏むね肉……1枚（300g）
a しょうゆ……大さじ3
　酒・みりん……各大さじ1
　砂糖……小さじ1
　うまみ調味料……7ふり
　おろしにんにく……5g
　おろししょうが……5g
　五香粉（ウーシャンフェン）*
　……小さじ½
片栗粉……適量
サラダ油……適量

*五香粉は豚から（P.23）、カリカリ豚バラの油淋豚（P.24）、手羽元の中華風煮込み（P.71）にも合う。

作り方

1 鶏肉は厚みのある部分に切り込みを入れ、ラップをかぶせて瓶などで平ら（約1.5cm厚さ）に叩く。全体をフォークで刺す。

2 バットなどに**a**を入れて混ぜ、**1**を入れてときどき返しながら常温で30分漬ける（**A**）。片栗粉を厚めにまぶす（**B**）。

3 フライパンに多めのサラダ油を入れて中火で熱し、両面がこんがり色づくまで揚げ焼きにする（**C**）。

POINT 衣は厚い方がおいしいので、片栗粉はしっかりまぶして。

A　**B**　**C**

肉 から揚げ

台湾風から揚げ

このうまさを
味わうために
五香粉を買う
価値あり！

柚子の香りと大根おろしで永遠に食べられる！

揚げ鶏のおろし柚子ポン酢

材料（1〜2人分）

鶏むね肉（8mm〜1cm厚さの薄切り）……350g
塩・こしょう……各適量
片栗粉……適量
大根おろし……90g
a ポン酢しょうゆ
　┃……大さじ3
　┃柚子こしょう……4cm分
サラダ油……適量

作り方

1 鶏肉は塩、こしょうをし、片栗粉をまぶす（**A**）。

2 フライパンに多めのサラダ油を入れて中火で熱し、1を両面カリッと色づくまで揚げ焼きにする（**B**）。

3 器に盛り、水気をきった大根おろしをのせ、混ぜた**a**をかける。好みで万能ねぎをのせる。

POINT 肉は薄切りにすると火の通りが早い。油を十分に温めてから入れる。

A

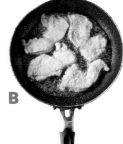
B

肉 から揚げ

あのお菓子を有効利用！パリパリ感がくせになる！

ベビから揚げ

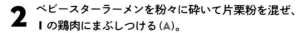

材料（1〜2人分）

鶏もも肉（大きめの一口大
に切る）……1枚（300g）

a ポン酢しょうゆ
　　……大さじ2
　　塩……小さじ1/4
　　おろしにんにく
　　……1/2片分

ベビースターラーメン
……1袋（39g）

片栗粉……大さじ3

サラダ油……適量

作り方

1 ボウルに鶏肉と**a**を入れて混ぜ、常温で30分ほど漬ける。

2 ベビースターラーメンを粉々に砕いて片栗粉を混ぜ、**1**の鶏肉にまぶしつける（Ⓐ）。

3 フライパンに多めのサラダ油を入れて中火で熱し、**2**をこんがり色づくまで揚げ焼きにする（Ⓑ）。好みでレモンを添える。

POINT 衣ははがれないように、押しつけるようにして、しっかりまぶす。

Ⓐ

Ⓑ

だしの風味とほのかに香るわさびが大人の味わい

とりわさから揚げ

材料（1〜2人分）

鶏もも肉（大きめの一口大に切る）……1枚（300g）
a 白だし……大さじ3
　塩……小さじ¼
　練りわさび……大さじ1
片栗粉……適量
サラダ油……適量

作り方

1 ボウルに鶏肉と**a**を入れて混ぜ、常温で40分漬けたら（**A**）、片栗粉をまぶす（**B**）。

2 フライパンに多めのサラダ油を入れて中火で熱し、**1**をこんがり色づくまで揚げ焼きにする。好みでレモンを添え、わさび（分量外）をつけて食べる。

POINT 加熱すると、わさびの風味が和らぐので食べやすくなる。

A

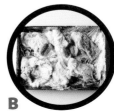
B

鶏肉とは違う
食べごたえ！
おかずにも
おつまみにも！

豚から

材料（2人分）

豚ロースとんカツ用肉
（2〜3cm大に切る）……350g

a しょうゆ……大さじ3

酒・みりん
……各大さじ1

おろしにんにく
……1片分

うまみ調味料……9ふり

片栗粉……適量

サラダ油……適量

作り方

1 ボウルに豚肉と**a**を入れて混ぜ、常温で30分漬ける（**A**）。片栗粉をまぶす（**B**）。

2 フライパンに多めのサラダ油を入れて中火で熱し、**1**をこんがり色づくまで揚げ焼きにする。好みでレモンを添える。

POINT 調味料に漬けるとき落としラップをすると、より味がしみる。

A

B

甘酸っぱい香味だれとカリカリの肉で無限に酒が飲める！

カリカリ豚バラの油淋豚 (ユーリントン)

材料（1〜2人分）

豚バラ薄切り肉
（3〜4cm長さに切る）
……250g
塩・こしょう
……各適量
片栗粉……大さじ2
a 長ねぎ
（細かいみじん切り）
……½本（50g）
しょうが
（みじん切り）……5g

しょうゆ
……大さじ2
砂糖……小さじ3
酢……大さじ1
ごま油
……小さじ1
うまみ調味料
……4ふり
サラダ油
……大さじ1

作り方

1 豚肉は軽く塩、こしょうをし、1枚ずつはがして全体に片栗粉をまぶす。ボウルに**a**を入れて混ぜ合わせる（**A**）。

2 フライパンにサラダ油を入れて中火で熱し、豚肉を広げてカリカリになるまで焼く（**B**）。

3 油をよくきって器に盛り、**a**をかけ、好みでラー油をかける。

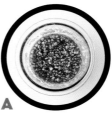

A

B

本気の炒めもの&焼きもの

シンプルな材料でささっと作れる、ガッツリおかず。

焼き肉のたれ+ポン酢はマジで恐ろしく肉に合います

悪魔のたれポントンテキ

材料（1～2人分）

豚ロースとんカツ用肉
……250g

にんにく（3mm厚さの薄切り）
……2片

塩・こしょう……各適量

a 焼き肉のたれ
　｜ ……大さじ2
　｜ ポン酢しょうゆ
　｜ ……大さじ2

サラダ油……大さじ1

作り方

1 豚肉は筋を切り、塩、こしょうをする。

2 フライパンにサラダ油を入れて弱火で熱し、にんにくをこんがり色づけ（**A**）、取り出す。**1**を入れて中火で両面を焼き、**a**を加えてからめ、とろみがつくまで少し煮詰める（**B**）。

3 器に盛ってにんにくをのせ、好みでせん切りキャベツを添える。

POINT にんにくチップを作るときは薄すぎると焦げるので少し厚めに切る。

キャベツたっぷりで
つなぎいらず！
簡単でヘルシー

キャベツバーグ

材料（1〜2人分）

キャベツ（せん切り）
……100g

豚ひき肉……200g

a コンソメ（顆粒）
┃ ……小さじ1
┃ 塩・こしょう
┃ ……各適量

b バター……5g
┃ トマトケチャップ
┃ ……大さじ2

中濃ソース
……小さじ2

水……大さじ2

コンソメ（顆粒）
……小さじ1/3

オリーブ油
……小さじ2

作り方

1 ボウルにキャベツ、豚ひき肉、**a** を入れてよくこね（**A**）、2等分にして小判形にする。

2 フライパンにオリーブ油を入れて中火で熱し、**1** を入れて両面に焼き色をつける（**B**）。ふたをして弱火で数分蒸し、中まで火を通したら、器に盛る。

3 フライパンに **b** を入れ、混ぜながら軽く沸かして酸味をとばし、ハンバーグにかける。

POINT フライパンに残った肉汁もふかずにソースに生かす。

甘酸っぱいたれをからめた最高のご飯のお供!!

鶏酢炒め

材料（2人分）

鶏もも肉（2cm角）
……1枚（300g）
a 塩……小さじ⅕
　こしょう……適量
　酒……大さじ1
　片栗粉
　……大さじ2
玉ねぎ（4等分の
くし形切りにし、長さ
を半分に切る）
……120g

ピーマン（種ごと縦
4等分に切る）
……150g
b トマトケチャップ
　……大さじ4
　しょうゆ
　……小さじ1強
　酢……小さじ2
　中華スープの素
　（ペースト）
　……小さじ½
　砂糖……小さじ2

水……大さじ2
おろしにんにく
……½片分
サラダ油
……大さじ2

1 ボウルに鶏肉と**a**を入れ、もみ込む。**b**は混ぜ合わせる。

2 フライパンにサラダ油大さじ1を入れて中火で熱し、玉ねぎ、ピーマンを炒めて（**A**）取り出す。

3 再びサラダ油大さじ1を入れて中火で熱し、**1**の肉をカリッと炒める（**B**）。**2**と**b**を加え、たれが具材にまとわりつくまで強火でからめる。

POINT 野菜はさっと炒めて油通しし、食感よく。

27

焼き肉のたれに
味つけはお任せ！
むね肉が
しっとり柔らか！

鶏むね肉の黄金焼き

肉
炒めもの＆焼きもの

材料（1〜2人分）

鶏むね肉（8mm〜1cm厚さの
薄切り）……1枚（300g）

a 焼き肉のたれ
　　……大さじ3 1/2
　　おろしにんにく……少々

片栗粉……小さじ4

サラダ油……適量

作り方

1 ボウルに鶏肉と**a**を入れて混ぜ、10分ほど漬け（Ⓐ）、片栗粉を混ぜ込む。

2 フライパンに多めのサラダ油を入れて中火で熱し、**1**を入れて
こんがり焼き色がつくまで両面を焼く。

POINT 焼き肉のたれは好みで。ここではエバラ「黄金の味」を使用。

Ⓐ

白飯が絶対に欲しくなる！リピート必至の照り焼き

トンテリ

材料（1人分）

豚ロースしょうが焼き用肉
……150g
塩・こしょう……各適量
片栗粉……適量
a しょうゆ・みりん・酒
　│……各大さじ1
　│ 砂糖……小さじ2
　│ うまみ調味料……3ふり
キャベツ（せん切り）・
マヨネーズ……各適量
サラダ油……大さじ1/2

作り方

1 豚肉は塩、こしょうをし、片栗粉をまぶす（**A**）。フライパンにサラダ油を入れて中火で熱し、肉を焼いて取り出す。

2 油をふき取り、**a**を入れて中火で沸かし、肉を戻し入れてからめる（**B**）。器に盛り、キャベツ、マヨネーズを添える。

POINT 肉に片栗粉をまぶして焼くと、かたくなりにくく、たれがからみやすい。

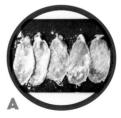

タバスコがピリッとアクセント！酒のつまみにも

鶏むね肉のバターチリ炒め

材料（1〜2人分）

鶏むね肉（8mm〜1cm厚さの薄切り）……1枚（300g）

塩・こしょう……各適量

片栗粉……大さじ2

a トマトケチャップ
　……大さじ3 ½

　おろしにんにく
　……1片分

　砂糖……小さじ1

　タバスコ……小さじ1 ½

バター……15g

作り方

1 鶏肉は塩、こしょうをし、片栗粉をまぶす。aは混ぜ合わせる（**A**）。

2 フライパンにバターを入れて中火で熱し、鶏肉をカリッと炒める（**B**）。

3 aを加えてからめながら炒め、器に盛って好みでドライパセリをふる。

POINT 肉は表面をカリッと焼いてうまみを閉じ込めてから、たれを加えて炒め合わせる。

A

B

粒マスタードの
はちみつ
バランスが最高
箸が止まらない！

鶏むね肉の ハニーマスタード炒め

<u>材料（1〜2人分）</u>

鶏むね肉（8mm〜
1cm厚さの薄切り）
……1枚（300g）
塩・こしょう
……各適量
片栗粉
……大さじ1½
a 粒マスタード
　│……大さじ1
　│ マヨネーズ
　│……大さじ2

はちみつ
……小さじ4
しょうゆ
……大さじ½
コンソメ（顆粒）
……小さじ⅓
おろしにんにく
……少々
黒こしょう
……適量
オリーブ油……大さじ1

<u>作り方</u>

1 鶏肉は塩、こしょうをし、片栗粉をまぶす。
aは混ぜ合わせる（**A**）。

2 フライパンにオリーブ油を入れて中火で熱し、鶏肉を
カリッと炒めたら、**a**を加えてからめながら炒める。

POINT ハニーマスタードのたれは、他の炒め
ものにも使える。

A

脱マンネリ！
おいしい
魚レシピ

2章

中はふっくら！
外はカリッと
他の白身魚で
作ってもOK

ぶりのフリット

材料（1〜2人分）

ぶり（3等分に切る）
……2切れ（150g）
塩・こしょう……各適量
a 薄力粉……大さじ3
　片栗粉……大さじ2
　炭酸水……大さじ4
　塩……小さじ¼
レモン・塩……各適量
サラダ油……適量

作り方

1 ボウルにaを入れ、よく混ぜる。塩、こしょうをしたぶりをくぐらせ、からめる。

2 フライパンに多めのサラダ油を入れて中火で熱し、1を色づくまで揚げ焼きにする（Ⓐ）。

3 器に盛ってレモンを添え、塩をつけて食べる。

POINT 油の量はぶりを入れたとき半分浸かるくらいが目安。

Ⓐ

脂がのった塩さばがこのたれでうまさ倍増！

ねぎだれ塩さば

材料（1人分）

塩さば……1枚
長ねぎ（青い部分を小口切り）
……1/2本（50g）
a 酒……大さじ1
白だし……小さじ2
塩……1つまみ
黒こしょう
……適量（多め）
サラダ油……大さじ1

作り方

1 フライパンにサラダ油小さじ2を入れて中火で熱し、長ねぎを炒める。しんなりしたら**a**を加えてからめ、取り出す。

2 フライパンをふき、サラダ油小さじ1を入れて中火で熱し、塩さばを焼く。

3 器に盛り、**1**をかけて好みでレモンを添える。

POINT 長ねぎは残りがちな青い部分を活用する。

魚

さば缶の塩から揚げ

材料（1〜2人分）

さば缶（水煮）
……1缶（150g）

a 白だし
├……小さじ1強
│ おろししょうが
└……5g

片栗粉……適量

サラダ油……適量

作り方

1 さば缶は汁気をきり、一口大にほぐす。**a**をやさしくからめ、片栗粉をまぶす。

2 フライパンに多めのサラダ油を入れて中火で熱し、**1**を表面がカリッとするまで揚げ焼きにする（Ⓐ）。好みでレモンを添える。

POINT さばが柔らかいので崩れないように、やさしく扱う。

A

玉ねぎソースは有名イタリアンのあの味をオマージュ！

サーモンのディアボラ風

材料（1～2人分）

生さけ
……2切れ（160g）
玉ねぎ（みじん切り）
……¼個（50g）
にんにく（粗みじん切り）……1片
塩・こしょう
……各適量
a コンソメ（顆粒）
　|……小さじ½
　|水……大さじ2

バター……8g
しょうゆ
　|……小さじ1
薄力粉……適量
ドライパセリ
……適量
オリーブ油
……小さじ2

作り方

1 フライパンにオリーブ油小さじ1を入れて弱火で熱し、にんにくを炒める。香りが出たら、玉ねぎを加え、塩、こしょうをして中火で炒め、**a**を加えて混ぜ、取り出す。

2 フライパンをふき、オリーブ油小さじ1を入れて中火で熱し、塩、こしょうをして薄力粉をまぶした生さけを焼く。

3 器に盛り、**1**をかけてドライパセリをふり、好みで葉野菜を添える。

POINT 玉ねぎはしんなりするまで炒め、甘みを引き出す。

魚

塗って
焼くだけ！
みその風味が
食欲をそそる

さけのみそ漬け焼き

<u>**材料（2人分）**</u>

生さけ
……2切れ（160g）

a みそ
……大さじ1½

みりん・酒・
砂糖
……各小さじ1½

うまみ調味料
……2ふり

おろしにんにく
……½片分

七味唐辛子
……適量

ごま油
……小さじ1½

<u>**作り方**</u>

1 aをよく混ぜ合わせ、さけの両面に塗って
常温で30分おく（A）。

2 フライパンにごま油を入れて弱めの中火で熱し、
1の両面をじっくり焼く（B）。器に盛り、七味唐辛子をかける。

POINT みそ漬けにした
さけは焦げやすいので、
弱めの火で焼く。

A

B

生さけを
中華風に
おつまみにも
ピッタリ！

さけマヨ

材料（1〜2人分）

生さけ（3等分に切る）
……2切れ（160g）
塩・こしょう
……各適量
酒……小さじ2
片栗粉……適量
a マヨネーズ
……大さじ2
トマトケチャップ
……小さじ2

砂糖
……小さじ1/2
サラダ油
……大さじ1 1/2

作り方

1 生さけは塩、こしょうをして酒をふり、
片栗粉を厚めにまぶす（**A**）。

2 フライパンにサラダ油を入れて中火で熱し、**1**の両面を
カリッと焼く。

3 火を止め、フライパンが少し冷めたら、
混ぜ合わせた**a**を加えてからめる。

POINT マヨネーズが分離するので、火を止めて
少し冷ましてから調味料を加える。

A

魚

野菜たっぷり消費レシピ

3章

レタスサンラータン

酸っぱうまさが
やみつきに!

材料(2〜4人分)

レタス(大きめにちぎる)
……1/4個(120g)
a 水……250ml
- 中華スープの素
- (ペースト)
- ……小さじ1 1/2
- しょうゆ・酒・ごま油
- ……各小さじ1
溶き卵……1個分
こしょう……適量
酢……小さじ2
ラー油・万能ねぎ
(小口切り)……各適量

作り方

1 フライパンにレタスとaを入れて中火にかけ、沸騰したら、弱火にして溶き卵とこしょうを加える。

2 卵に火が通ったら酢を混ぜ、器に注ぐ。ラー油をかけ、万能ねぎをのせる。

POINT レタスは加熱すると、かさが減るので大きめにちぎる。

ザクザクチーズガレット

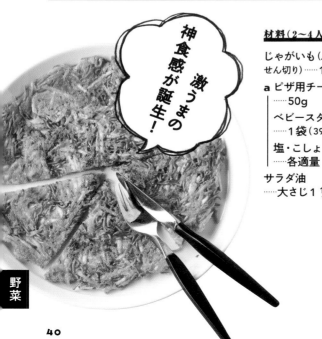

神
食
感
が
誕
生
!
激
う
ま
の

材料(2〜4人分)

じゃがいも(皮をむいて
せん切り)……150g
a ピザ用チーズ
- ……50g
- ベビースターラーメン
- ……1袋(39g)
- 塩・こしょう
- ……各適量
サラダ油
……大さじ1 1/2

作り方

1 ボウルにじゃがいもとaを入れ、混ぜ合わせる。

2 大きめのフライパン(直径24〜26cm)にサラダ油を入れて中火で熱し、1を広げて焼く(A)。

3 こんがり焼き色がついたら、ふたを使って返し、さらに焼く。好みでドライパセリをふる。

POINT 大きなフライパンで薄く焼くと、サクサクの食感になる。

野菜

A

レタス豆腐チャーハン

ご飯代わりに豆腐罪悪感なし！

材料（1〜2人分）

レタス（大きめの
一口大にちぎる）
……1/4個（120g）
木綿豆腐……300g
鶏もも肉（小さめの
一口大に切る）……90g
塩・こしょう……各適量
中華スープの素
（ペースト）……小さじ1/2
a しょうゆ……小さじ1
　ごま油……小さじ1
　黒こしょう……適量
紅しょうが……適量
サラダ油……大さじ1

作り方

1 フライパンにサラダ油を入れて強火で熱し、豆腐を入れて塩、こしょうをふり、ポロポロになるまで炒める（A）。

2 鶏肉を加えて炒め、火が通ったら、中華スープの素、レタスも加えてさっと炒める。

3 aを加えて混ぜ、器に盛り、紅しょうがを添える。

POINT 強火で豆腐の水分をとばしながら炒める。

A

オクラバター

材料（1〜2人分）

オクラ（縦半分に斜め切り）
……1パック（100g）
酒……大さじ1
白だし……小さじ1 1/2
塩・こしょう……各適量
バター……8g

作り方

1 フライパンにバターを入れて中火で熱し、オクラを炒める。

2 軽く焼き目がついたら、酒を加えてふたをし（A）、数分蒸し焼きにする。

3 白だし、塩、こしょうを加えてからめる。

POINT 最初に焼き目をつけて香ばしい風味をプラスする。

バターが香るジューシー！

A

えのきのナポリタン

低糖質
パスタより
食感が楽しい！

材料(1〜2人分)

えのきだけ(根元を
切り落としてほぐす A)
……1袋(200g)

ハム (短冊切り)……40g

ピーマン (薄い輪切り)
……1個

トマトケチャップ
……大さじ3

黒こしょう……適量

粉チーズ・ドライパセリ
……各適量

バター……8g

作り方

1 フライパンにバターを入れて中火で熱し、えのきとハムを炒める。

2 しんなりしたらケチャップを加えて炒め、ピーマン、黒こしょうを加えて炒め合わせる。器に盛り、粉チーズ、ドライパセリをふる。

POINT えのきの根元に包丁を縦に細かく入れると、簡単にほぐれる。好みでタバスコをかけてもウマイ。

A

キャベチ焼き

材料(2人分)

キャベツ (せん切り)
……120g

a ピザ用チーズ……50g
 片栗粉……大さじ1
 塩・こしょう……各適量

麺つゆ (3倍濃縮)……適量

黒こしょう……適量

ごま油……小さじ2

作り方

1 ボウルにキャベツと**a**を入れ、混ぜる。

2 小さめのフライパン (直径20cm)にごま油を入れて中火で熱し、**l** を広げて焼く。

3 こんがり焼き色がついたら、ふたを使って返し (**A**、**B**)、さらに焼く。器に盛り、麺つゆ、黒こしょうをかける。

POINT 厚みを出すため、小さめのフライパンを使って。

パリッと香ばしい
食べたら
必ずハマる！

野菜

A

B

ひらたけのおかかバター炒め

肉厚で食感が◎
シンプルに
うまい！

材料（1〜2人分）

ひらたけ（手で裂く）
……100g
しょうゆ……小さじ1強
黒こしょう……適量
削り節……適量
バター……8g

作り方

1 フライパンにバターを入れて中火で熱し、ひらたけを炒める。

2 しょうゆ、黒こしょうを加えて炒め合わせ、器に盛り、削り節をのせる。

POINT 削り節はたっぷりのせた方がおいしい。

えのきのねぎ塩炒め

香りが広がる！
ねぎとレモンの

材料（1〜2人分）

えのきだけ（根元を切り落としてほぐす）
……1袋（200g）
長ねぎ（斜め薄切り）……1/2本（60g）
a 中華スープの素（ペースト）……小さじ2/3
 黒こしょう……適量
レモン汁……小さじ1強
黒こしょう……適量
ごま油……小さじ2

作り方

1 フライパンにごま油を入れて中火で熱し、えのきを炒め、しんなりしてきたら長ねぎとaを加えて炒める。

2 火を止めてレモン汁を混ぜ、黒こしょうをふる。

しめじと牛肉のオイバタ炒め

大満足！
こっくりおかず
一皿で

材料（1〜2人分）

しめじ（手でほぐす）……100g
牛薄切り肉……120g
玉ねぎ（薄切り）……1/4個（50g）
塩・こしょう……各適量
a オイスターソース……大さじ1
 砂糖……小さじ1/3
 しょうゆ……小さじ1/2
 黒こしょう……適量
バター……10g

作り方

1 フライパンにバターを入れて中火で熱し、塩、こしょうをした牛肉を炒める。

2 火が通ったら、玉ねぎ、しめじを加えて炒め、aを加えてからめる。好みで万能ねぎをのせる。

POINT 牛肉の代わりに豚バラ肉を使ってもOK。

ツナペペ大根

大根を大量消費！
最強のベジつまみ

材料（2人分）

大根（皮つきで太めの
せん切り）……250g
ツナ缶……1缶（70g）
にんにく（粗みじん切り）
……1片
赤唐辛子（輪切り）……1本
コンソメ（顆粒）
……小さじ1強
黒こしょう……適量
しょうゆ……小さじ1弱
オリーブ油……大さじ1

作り方

1 フライパンにオリーブ油を入れて弱火で熱し、にんにくを炒める。香りが出たら、大根、赤唐辛子、コンソメを加え、中火で炒める。

2 大根がしんなりしたら、油をきったツナ缶を加えて（A）炒め、黒こしょう、しょうゆを加えて混ぜる。

POINT 大根は皮つきで使うと歯ごたえがよい。

A

マッシュルームの酒蒸しバター

材料（1〜2人分）

マッシュルーム（縦半分）
……1パック（120g）
ベーコン（細切り）……40g
a にんにく（粗みじん切り）
  ……1片
  コンソメ（顆粒）
  ……小さじ1/2
  黒こしょう……適量
酒……大さじ1
バター……5g
オリーブ油……小さじ1

作り方

1 フライパンにオリーブ油を入れて中火で熱し、ベーコンを炒める。

2 マッシュルームと**a**を加えて炒め、酒を加えてふたをし（A）、弱火で3分ほど蒸し焼きにする。

3 マッシュルームがプリッとしたら、バターを混ぜる。好みでドライパセリをふる。

POINT 酒蒸しにしてマッシュルームのうまみを引き出す。

うそみたいに
プリップリ！

A

なめこのぺぺ炒め

材料（1〜2人分）

なめこ
……1パック（85g）
にんにく（粗みじん切り）
……1片
赤唐辛子（輪切り）
……1本
ベーコン（細切り）
……40g
コンソメ（顆粒）
……小さじ½
オリーブ油……小さじ2

作り方

1 フライパンにオリーブ油を入れて中火で熱し、にんにく、赤唐辛子、ベーコンを炒める。

2 なめこ、コンソメを加えて炒め合わせ（A）、器に盛り、好みで万能ねぎをのせる。

POINT にんにくの香りが出てベーコンに火が通ったら、なめこを加える。

A

ピーマンとひき肉の中華風カレー炒め

材料（1〜2人分）

豚ひき肉……100g
ピーマン（種ごと縦に太めの細切り）……130g
塩・こしょう……各適量
中華スープの素
（ペースト）……小さじ½
a 片栗粉……小さじ1
　水……大さじ5
　カレー粉……小さじ1
しょうゆ……小さじ½
サラダ油……小さじ1

作り方

1 フライパンにサラダ油を入れて中火で熱し、塩、こしょうをした豚ひき肉を炒める。

2 火が通ったら、ピーマン、中華スープの素を加えて（A）炒め合わせる。

3 混ぜた**a**を加え、とろみがつくまでからめたら、しょうゆを加えて塩、こしょうで味を調える。

POINT ピーマンは種もおいしいので一緒に入れる。

A

ペッパーチーズコーン

コーン缶が爆速でつまみに！

材料（1〜2人分）

コーン缶（水煮）
……1缶（190g）
a おろしにんにく
 ……1/2片分
 コンソメ（顆粒）
 ……小さじ1/3
黒こしょう・粉チーズ
……各適量
バター……5g

作り方

1 フライパンにバターを入れて中火で熱し、コーンとaを入れて炒める（A）。

2 器に盛り、黒こしょうと粉チーズを多めにかける。

POINT コーンを炒めながら、にんにくとバターの風味をつける。

A

にんじんとちくわのきんぴら

ちくわを入れておかず感アップ！

材料（2人分）

にんじん（せん切り A）
……1本（120g）
ちくわ（斜め切り）
……1パック（100g）
a しょうゆ・白だし・酒・
 みりん……各小さじ1
 煎りごま（白）
 ……小さじ2
 黒こしょう……適量
サラダ油……小さじ2

作り方

1 フライパンにサラダ油を入れて中火で熱し、にんじん、ちくわを炒める。

2 にんじんがしんなりしたら、aを加えて炒め合わせる。

POINT せん切りは「しりしり器」を使うと便利。不ぞろいな切り口は味がしみやすい。

A

野菜

レタスのひき肉ドレッシングサラダ

野菜をモリモリ食べたいときに！

材料（2〜3人分）

レタス（太めのせん切り）……½個（200g）
豚ひき肉……120g
しょうが（せん切り）……10g
塩・こしょう……各適量
a しょうゆ・酒・みりん……各大さじ1½
うまみ調味料……4ふり
酢……大さじ1
赤唐辛子（輪切り）……適量
ごま油……大さじ1

作り方

1 フライパンにごま油を入れて中火で熱し、塩、こしょうをした豚ひき肉、しょうがを炒める。

2 ひき肉に火が通ったら、**a**を加えて（**A**）汁気がなくなるまで煮詰め、火を止めて酢を混ぜる。

3 器にレタスを盛って**2**をかけ、赤唐辛子を散らす。

POINT このままご飯にのせれば、タコライス風に。

A

なすのり明太

なすはとろり 明太はプチプチ！

材料（1〜2人分）

なす（8mm厚さの輪切り）……3本（260g）
明太子（皮を除いてほぐす）……25〜30g
塩……少々
酒……大さじ1
麺つゆ（3倍濃縮）……大さじ1弱
刻みのり・万能ねぎ（小口切り）……各適量
ごま油……大さじ1

作り方

1 大きめのフライパンにごま油を入れて中火で熱し、なすを入れて塩をふり、炒める。

2 焼き目がついたら酒を加えて（**A**）ふたをし、弱火で5分ほど蒸し焼きにする。

3 とろっとしたら、麺つゆを加えて炒め、明太子も加えて（**B**）さっと炒める。器に盛り、刻みのり、万能ねぎをのせる。

POINT なすは表面積の大きいフライパンで炒めた方が火の通りが早い。

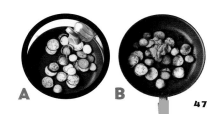

A　B

白飯のお供に！
食材2品
おかず
4章

バターの香りとみそのコク！くったりした小松菜がウマイ

豚バラ＋小松菜

豚バラと小松菜のみそバター

材料（1〜2人分）

豚バラ薄切り肉
（3〜4cm長さに切る）
……120g
小松菜（ざく切り）
……1束（200g）
塩……少々
a みそ・みりん・酒
　　……各大さじ1
　　うまみ調味料……5ふり
黒こしょう……適量
バター……10g

作り方

1 豚肉は軽く塩をふる。**a**は混ぜ合わせる。

2 フライパンにバターを入れて中火で熱し、豚肉を炒める。
火が通ったら、小松菜を加えて炒め合わせる。

3 しんなりしたら**a**を加えて強火で水分をとばしながら炒め、
黒こしょうをふる。

POINT 小松菜はえぐみがあるので、よく炒めてしんなりさせる。

肉のうまみと大根の食感が素晴らしい一体感！

豚バラ+大根

豚バラと大根のたれポン炒め

材料（2人分）

豚バラ薄切り肉（3〜4cm
長さに切る）……150g

大根（皮つきでせん切り）
……220g

しょうが（せん切り）……10g

塩・こしょう……各適量

a 焼き肉のたれ
　├──大さじ1½
　│ポン酢しょうゆ
　└──大さじ1½

サラダ油……小さじ2

作り方

1 フライパンにサラダ油を入れて中火で熱し、塩、こしょうをした豚肉を炒める。

2 火が通ったら、しょうがと大根を加え、さらに炒める。

3 大根がしんなりしたらaを加え、強火で汁気が少なくなるまでからめる。好みで万能ねぎをのせる。

POINT しょうがはせん切りにすると存在感が増し、アクセントになる。

食材2品おかず

50

レモンの酸味でコクがあるのにあっさり！おかわり必至

鶏もも肉＋キャベツ

鶏とキャベツの コンソメレモンバター炒め

材料（2人分）

鶏もも肉（一口大に切る）
……1枚（300g）

キャベツ（一口大に切る）
……1/4個（200g）

塩・こしょう……各適量

コンソメ（顆粒）
……小さじ1

黒こしょう……適量

レモン汁……小さじ1

バター……10g

作り方

1 フライパンにバターを入れて中火で熱し、塩、こしょうをした鶏肉を炒める。

2 カリッと焼き色がついたら、キャベツ、コンソメを加えて強火で炒め合わせ、黒こしょう、レモン汁を加えてさっとからめる。

POINT レモン汁は風味がとばないように仕上げに加える。

鶏もも肉
＋長ねぎ

あと引く辛さの
韓国料理！

ブルダック

食材２品おかず

材料（2〜3人分）

鶏もも肉（小さめの
一口大に切る）……350g

長ねぎ（2〜3cm長さに切る）
……1本（120g）

a コチュジャン
　……大さじ1 1/2
　はちみつ……小さじ4
　タバスコ……小さじ1
　一味唐辛子……大さじ1
　豆板醤……小さじ1

酒・しょうゆ・
ごま油……各大さじ1

うまみ調味料……5ふり

赤唐辛子……4本

おろしにんにく……1片分

玉ねぎのすりおろし
……1/4個分（50g）

サラダ油……少々

作り方

1 ボウルに鶏肉、長ねぎ、**a**を入れ、
よく混ぜる。

2 フライパンにサラダ油を入れて強火で熱し、
1を入れる。

3 汁気が少なくなり、鶏肉に火が通るまで
炒め煮にする。

POINT はちみつを加えることで、甘みと照りを出す。

炒め豚バラ大根

定番の煮物が驚くほど簡単に！

豚バラ＋大根

材料（2〜3人分）

豚バラ薄切り肉
（3〜4cm長さに切る）
……150g
大根（皮つきで8mm厚さ
のいちょう切り）……200g
しょうが（せん切り）
……10g
塩……適量

a しょうゆ・みりん
　……各大さじ1
　酒……大さじ2
　砂糖……小さじ1
　うまみ調味料
　……3ふり
サラダ油……小さじ2

作り方

1 フライパンにサラダ油を入れて中火で熱し、塩をふった豚肉、しょうがを炒める。

2 肉に火が通ったら、大根を加えて透き通るまで炒め、**a**を加えて汁気が少なくなるまで煮詰める。

POINT 大根は火が通りやすいように薄めに切ること。

豚バラとこんにゃくのしょうがつゆ炒め

ヘルシーだけどボリューム満点！

豚バラ＋こんにゃく

材料（2〜3人分）

豚バラ薄切り肉（3〜4cm
長さに切る）……160g
こんにゃく（ぬるま湯で洗って
薄切り）……250g
しょうが（せん切り）……10g
塩……適量
麺つゆ（3倍濃縮）……大さじ3
黒こしょう……適量
サラダ油……小さじ1

作り方

1 フライパンにサラダ油を入れて中火で熱し、塩をふった豚肉、しょうがを炒める。

2 肉に火が通ったら、こんにゃくを加えてチリチリになるまで炒める。

3 麺つゆを加えて汁気がなくなるまで炒め、黒こしょうをふる。

POINT 麺つゆを加えたら煮詰めながら、こんにゃくに味をしみ込ませる。

豚バラとピーマンのきんぴら

ピーマンの苦味で味にメリハリを！

豚バラ＋ピーマン

材料（2人分）

豚バラ薄切り肉
（2〜3cm長さに切る）……150g
ピーマン（細切り）……4個（150g）
塩・こしょう……各適量
a しょうゆ・白だし・酒・みりん
　……各小さじ2
　砂糖……小さじ1½
　煎りごま（白）……小さじ2
サラダ油……小さじ1

作り方

1 フライパンにサラダ油を入れて中火で熱し、塩、こしょうをした豚肉をカリッと炒める。

2 ピーマンを加えて炒め、**a**を加えて強火で汁気をとばしながら炒め合わせる。

POINT 調味料を加えたら強火にして炒め、ピーマンの食感をほどよく残す。

鶏とキャベツの担々風豆乳煮込み

まろやかで
うまみ
たっぷり！

鶏もも肉
＋キャベツ

材料（2人分）

鶏もも肉（一口大に切る）……160g
キャベツ（一口大に切る）……200g
塩・こしょう……各適量
a 豆乳（無調整）……200ml
　 みそ……小さじ1
　 中華スープの素
　 （ペースト）……小さじ1弱
　 おろしにんにく……½片分
黒こしょう・煎りごま（白）・ラー油
……各適量
ごま油……小さじ1

作り方

1 フライパンにごま油を入れて中火で熱し、塩、こしょうをした鶏肉を炒める。

2 カリッと焼き色がついたら、キャベツを加えてしんなりするまで炒める。

2 混ぜ合わせた**a**を加え、中火で数分、とろみがつくまで混ぜながら煮る。器に盛り、黒こしょう、ごま、ラー油をかける。

POINT 具材が浸るように、小さめのフライパン（直径20cm）で作る。

鶏となすのヒーヒー炒め

鶏もも肉
＋なす

うまさと辛さが
MAXに刺激！
食欲を

材料（2人分）

鶏もも肉（8mm〜1cm厚さの薄切り）
……1枚（300g）
なす（縦半分に切って薄切り）
……2本（160g）
塩・こしょう……各適量
片栗粉……大さじ1½
a みそ……大さじ2
　 みりん……大さじ1
　 酒……大さじ2
　 砂糖……小さじ2
　 おろしにんにく……1片分
　 一味唐辛子……小さじ½
　 うまみ調味料……4ふり
一味唐辛子・万能ねぎ（小口切り）
……各適量
ごま油……大さじ1

作り方

1 鶏肉は塩、こしょうをし、片栗粉をまぶす。**a**は混ぜ合わせる。

2 フライパンにごま油を入れて中火で熱し、鶏肉をカリッと炒めたら、なすを加え、しんなりするまで炒める。

3 **a**を加えて汁気がなくなるまで強火でからめたら、器に盛って一味唐辛子をふり、万能ねぎをのせる。

POINT 最後にふる一味唐辛子の量は辛さの好みで調整。

豚とにんじんのごまマヨ炒め

材料（2人分）

豚こま切れ肉（細切り）
……150g
にんじん（せん切り／あれ
ば、しりしり器を使用）
……150g
塩・こしょう……各適量
片栗粉……大さじ1
a すりごま（白）
　　……大さじ1½
　　麺つゆ（3倍濃縮）
　　……大さじ1
マヨネーズ……大さじ1

油代わりにマヨいぶし銀のうまさ！

作り方

1 豚肉は塩、こしょうをし、片栗粉をまぶす。

2 フライパンにマヨネーズを入れて中火で熱し、1をカリッと炒める。

3 にんじん、**a**を加えて炒め合わせ、器に盛り、好みで万能ねぎをのせる。

POINT マヨネーズを炒め油として利用。肉の味つけにも。

豚こま＋にんじん

豚こまとエリンギの柚子こしょうバター

材料（1～2人分）

豚こま切れ肉……160g
エリンギ
（長さを半分に切り、薄切り）
……1パック（100g）
塩・こしょう……各適量
薄力粉……小さじ4
麺つゆ（3倍濃縮）
……小さじ4
柚子こしょう……4cm
バター……10g

柚子の香りがふわっと広がる

作り方

1 豚肉は塩、こしょうをし、薄力粉をまぶす。

2 フライパンにバターを入れて中火で熱し、1を炒める。カリッとしてほぼ火が通ったら、エリンギを加えて炒め、麺つゆも加えてからめる。

3 火を止めて柚子こしょうを混ぜ、器に盛り、好みで万能ねぎをのせる。

POINT 風味がとばないように、柚子こしょうは火を止めてから加える。

豚こま＋エリンギ

酒の肴にも
おかずにも！
粋な
おつまみ

5章

そうめんモダン焼き

驚くほど
ふわふわ!
粉いらずで簡単

材料（1〜2人分）

素麺……50g
卵……1個
豚バラ薄切り肉
……60g
a 中濃ソース
　……大さじ1
　トマトケチャップ
　……大さじ1
　白だし……小さじ1
　砂糖……小さじ1/2
マヨネーズ・削り節・
青のり……各適量
紅しょうが
……適量

作り方

1 素麺をかためにゆで、ざるに上げる（水で洗わない）。ボウルに卵を割り入れて素麺を加え、混ぜ合わせる（**A**）。

2 小さめのフライパン（直径20cm）に豚肉を並べて（**B**）中火でカリッと焼き（テフロン加工でなければサラダ油少々を入れる）、**1**を流し入れて両面をこんがり焼く（**C**）。

3 器に盛り、混ぜ合わせた**a**を塗る。マヨネーズ、削り節、青のりをかけ、紅しょうがを添える。

A　B　C

辛子ニラ豆腐

ニラの香りで
酒が飲める
一味で辛味を
プラス

材料（1〜2人分）

絹ごし豆腐
（大きめの一口大にちぎる）
……150g
ニラ（3〜4cm長さに切る）
……1/2束（50g）
a しょうゆ……小さじ2
　塩……1つまみ
　うまみ調味料……3ふり
　一味唐辛子
　……小さじ1/3
サラダ油……小さじ4

作り方

1 フライパンにサラダ油を入れて中火で熱し、豆腐をさっと炒めたら、ニラと**a**を加え（**A**）、炒め合わせる。

POINT ニラは火が通りやすいので、軽く炒めたらすぐに火を止める。

A

納豆のアヒージョ

材料（1〜2人分）

納豆……1パック
長ねぎ（斜め薄切り）
……½本（60g）
にんにく（粗みじん切り）
……2片
赤唐辛子……1本
白だし……大さじ1
オリーブ油……大さじ4

オイルをまとった納豆がホクホク！

作り方

1 フライパン（直径15cmのスキレット）にオリーブ油とにんにくを入れて弱火で熱し、香りが出たら赤唐辛子を加える。

2 長ねぎを加えて中火で炒め、しんなりしたら納豆、白だしを加え（A）、ひと煮立ちさせる。好みでドライパセリをふる。

POINT トーストしたパンにつけて食べるのがおすすめ。

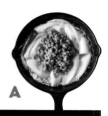

A

エリンギのピザ職人風

材料（1〜2人分）

エリンギ
（長さを半分に切り、薄切り）
……1パック（100g）
ベーコン（細切り）……40g
塩・こしょう……各適量
a トマトケチャップ
　　……大さじ2
　　おろしにんにく
　　……½片分
ピザ用チーズ……40g
オリーブ油……小さじ2

低カロリーで低予算ピザ界の希望の星！

作り方

1 フライパン（直径20cmのスキレット）にオリーブ油を入れて中火で熱し、ベーコンを炒める。

2 火が通ったら、エリンギを加えて塩、こしょうをふり、炒める（A）。

3 aを加えてからめたら、チーズをのせ（B）、ふたをして溶かす。好みでドライパセリをふる。

POINT スキレットで作れば、そのまま食卓へ出せるので便利。

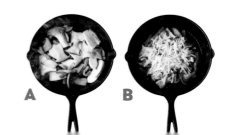

A　B

半熟納豆ニラ玉

材料（1〜2人分）

納豆……1パック
ニラ（3〜4cm長さに切る）……1/2束（50g）
卵……3個
a 白だし……小さじ4
　｜ 塩……少々
サラダ油……大さじ2

トロふわ
食感を
ぜひ味わって！

作り方

1 ボウルに卵を溶きほぐし、**a**と納豆を加え、よく混ぜる。

2 フライパンにサラダ油大さじ1/2を入れて中火で熱し、ニラをさっと炒め、**1**に加えて混ぜる（**A**）。

3 フライパンにサラダ油大さじ1 1/2を入れて強火でよく熱し、**2**を流し入れる（**B**）。菜箸で大きくかき混ぜながら数十秒火を入れて半熟にし（**C**）、器に盛る。好みでラー油をかける。

A

B

C

塩豆腐丼

めっちゃ
ウマイ
究極の
ズボラ飯！

材料（1人分）

ご飯……200g
絹ごし豆腐（大きめの一口大にちぎる）……150g
a 白だし
　｜ ……大さじ1 1/2
　｜ ごま油……小さじ2
しらす……25g
万能ねぎ（小口切り）・ラー油……各適量
揚げ玉……大さじ1〜2

作り方

1 小さめのフライパン（直径20cm）に豆腐と**a**を入れて中火にかけ、沸騰したら煮汁を少し煮詰める（**A**）。

2 器にご飯を盛り、**1**をかける。しらす、万能ねぎ、揚げ玉をのせ、ラー油をかける。

POINT 豆腐が温まり、煮汁に軽くとろみがつけばOK。

A

かにかまのから揚げ

かにの香りが際立ちます!

材料(1～2人分)

かに風味かまぼこ……1パック(12本)
片栗粉……適量
塩……適量
サラダ油……適量

作り方

1 かに風味かまぼこは片栗粉をしっかりまぶす(**A**)。

2 フライパンに多めのサラダ油を入れて中火で熱し、**1**を表面がカリッとするまで揚げ焼きにする(**B**)。塩をふり、好みでレモン、マヨネーズを添える。

POINT カリッと揚がるよう片栗粉は厚めにまぶす。

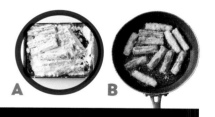

A **B**

はんぺんの大葉バター

材料(1～2人分)

大判はんぺん
(9等分に切る)……1枚
青じそ(みじん切り)……5枚
a うまみ調味料……1ふり
しょうゆ・酒……各小さじ1
バター……10g

作り方

1 フライパンにバターを入れて中火で熱し、はんぺんを焼く。

2 こんがり焼き色がついたら(**A**)、**a**を加えて炒め、火を止めて青じそを混ぜる。

POINT 風味がとばないように、青じそは火を止めてから加える。

青じそがいい仕事!スピードつまみ

A

世界一簡単なキムチチゲ

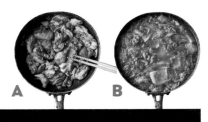

A B

材料3つだけで
圧倒的なうまさ!

材料（2人分）

鶏もも肉
（小さめの一口大）
……150g
白菜キムチ……160g
絹ごし豆腐
（一口大にちぎる）
……150g
a 水……400ml
　白だし……大さじ2

作り方

1 フライパンに鶏肉を入れて中火でカリッと炒め、キムチを加えて炒め合わせる（**A**）。

2 **a**と豆腐を加え、中火で10分ほど煮込む（**B**）。器に盛り、好みで万能ねぎをのせる。

POINT サラダ油は使わず、鶏肉から出る脂を利用して炒める。ご飯を入れてもおいしい。

厚揚げのサイコロステーキ

想像以上の
満足感!
酒がぐいぐい進む

A

材料（1〜2人分）

厚揚げ（約2cmの角切り）
……1袋（300g）
塩・こしょう……各適量
a しょうゆ・みりん・酒
　……各大さじ1強
　うまみ調味料……3ふり
　砂糖……小さじ1/3
　おろしにんにく
　……1/2片分
黒こしょう・万能ねぎ
（小口切り）……各適量
バター……10g

作り方

1 フライパンにバターを入れて中火で熱し、塩、こしょうをした厚揚げをこんがり焼く。

2 混ぜ合わせた**a**を加えてからめ、汁気が少なくなるまで煮詰める（**A**）。器に盛って黒こしょうをふり、万能ねぎを散らす。

POINT 厚揚げはときどき返しながら、表面に香ばしい焼き色をつける。

ぺぺたまラーメン風しらたき

お腹にたまるのに
低糖質！
ぷりぷり
食感が美味

材料（1～2人分）

しらたき（ぬるま湯で洗う）
……200g
ベーコン（細切り）……40g
にんにく（粗みじん切り）
……1片
赤唐辛子（輪切り）……1本
a 水……280ml
　中華スープの素
　（ペースト）……小さじ1
溶き卵……1個分
塩・こしょう……各適量
オリーブ油……大さじ1

作り方

1 フライパンにオリーブ油を入れて中火で熱し、ベーコン、にんにく、赤唐辛子を炒める（A）。

2 火が通ったらaを加え、沸騰したら、しらたきを加えてひと煮立ちさせる。

3 弱火にして溶き卵を加え（B）、塩、こしょうで味を調える。器に盛り、好みで黒こしょう、ドライパセリをふる。

POINT 溶き卵は箸をつたわせて細くまわし入れると、ふんわり食感に。

担々雑炊

最短で
最高の味！
飲みの
シメにどうぞ

材料（1人分）

ご飯（温かいもの）
……200g
豚ひき肉……60g
塩・こしょう……各適量
a 豆乳（無調整）……200ml
　みそ……小さじ1
　白だし……大さじ2
万能ねぎ（小口切り）・
煎りごま（白）・ラー油
……各適量
ごま油……小さじ2

作り方

1 フライパンにごま油を入れて中火で熱し、塩、こしょうをした豚ひき肉を炒める（A）。

2 aを加えてひと煮立ちさせたら、器に盛ったご飯にかけ、万能ねぎ、ごま、ラー油をかける。

POINT 豚ひき肉をしっかり炒めてうまみを引き出してから、水分を加える。

おつまみ

62

スタミナ納豆豚汁

栄養満点の
おかずスープ

材料 (2～3人分)

豚ひき肉……100g
納豆……1パック
長ねぎ (斜め薄切り)
……1/2本 (60g)
絹ごし豆腐 (一口大にちぎる)……150g
しょうが (みじん切り)……5g
にんにく (粗みじん切り)
……5g
塩・こしょう……各適量
a 水……400ml
  │ 白だし……小さじ4
  │ みりん……大さじ1
みそ……小さじ4
七味唐辛子……適量
ごま油……小さじ2

作り方

1 フライパンにごま油を入れて中火で熱し、塩、こしょうをした豚ひき肉、しょうが、にんにくを炒める (A)。

2 火が通ったら、a、長ねぎ、豆腐を加えて煮る。沸騰したら、弱火にしてみそを溶かし入れ、納豆を加える (B)。器に盛り、七味唐辛子をふる。

POINT 煮込みすぎると、みその香りがとぶので、納豆をさっと混ぜたら火を止める。

A　B

にんたまみそ汁

たっぷり！
元気が出る1杯
にんにく

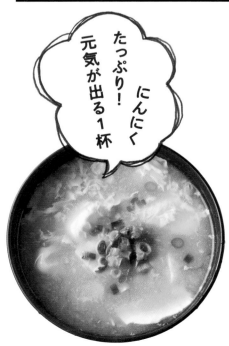

材料 (2～3人分)

にんにく (粗みじん切り)
……2片
絹ごし豆腐 (一口大にちぎる)……150g
溶き卵……1個分
a 水……300ml
  │ 白だし……大さじ1
みそ……大さじ1
万能ねぎ (小口切り)
……適量

作り方

1 フライパンにa、にんにく、豆腐を入れて中火にかける。

2 ひと煮立ちしたら、弱火にして溶き卵をまわし入れ (A)、火を止めてみそを溶かし入れる。器に盛り、万能ねぎをのせる。

POINT 豆腐はちぎって入れると味がなじみやすい。

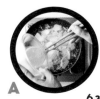

A

煮込むだけ！
ごちそう煮込み

6章

フライパン1つで 本格的な味！ 鶏ときのこの うまみがたっぷり

鶏肉の白ワイン煮込み

材料（2人分）

鶏もも肉……1枚（300g）

塩・こしょう……各適量

a マッシュルーム（4等分に
切る）……1パック（100g）

玉ねぎ（薄切り）
……1/4個（50g）

コンソメ（顆粒）
……小さじ1/2

白ワイン……120ml

バター……10g

作り方

1 鶏肉は厚みがある部分は切り込みを入れて開き、塩、こしょうをする。

2 フライパンにバターを入れて中火で熱し、鶏肉を両面こんがり焼き（Ａ）、取り出す。

3 2にaを入れてしんなりするまで炒め、肉を戻して白ワインを加え（Ｂ）、ふたをして弱火で15分ほど煮込む（煮詰まりすぎたら水で調整）。塩、こしょうで味を調え、好みでドライパセリをふる。

Ａ

Ｂ

いかを丸ごと使う
贅沢な一皿！
パスタや
バゲットにも合う

いかワタの
辛口トマト煮込み

材料（3〜4人分）

するめいか
（ワタと身を分け、
胴は輪切り）……1杯
（300〜500g）

玉ねぎ（薄切り）
……1/2個（120g）

にんにく（粗みじん切り）
……2片

赤唐辛子……2本

塩……適量

a トマト缶……1缶（400g）
コンソメ（顆粒）
……小さじ1強
黒こしょう……適量

オリーブ油……大さじ2

作り方

1 フライパンにオリーブ油大さじ1を入れて弱火で熱し、にんにく、赤唐辛子を炒める。香りが出たら、玉ねぎ、ワタ、塩を加えて中火で炒め、いかの身も加えて炒める（Ⓐ）。

2 aを加え（Ⓑ）、とろみが出るまで煮込み、残りのオリーブ油をまわしかける。好みでドライパセリをふる。

POINT いかはさばいてあるものを使っても（その場合ワタなしでOK）。オレガノを加えてもウマイ。

煮込み

肉と野菜の
うまみが凝縮！
濃厚でまろやか

無水ヨーグルト キーマカレー

材料（3〜4人分）

豚ひき肉……300g
玉ねぎ（みじん切り）
……1個（350g）
にんにく（みじん切り）
……10g
しょうが（みじん切り）
……10g
a トマト缶……1缶（400g）
　塩……小さじ1 ½
プレーンヨーグルト
……200g

b カレー粉……大さじ2
　ウスターソース
　……大さじ1
バター……25g
サラダ油……大さじ1

作り方

1 フライパンにバターを入れて中火で熱し、
にんにくとしょうがを炒める。香りが出たら
豚ひき肉、玉ねぎ、サラダ油を加え、
玉ねぎが透き通って肉に火が通るまで炒める（**A**）。

2 **a**を加えて混ぜ、強火で水分がとぶまで、
ときどき混ぜながら煮込む。

3 ヨーグルトを加えて混ぜ（**B**）、とろみがついたら、
bを加えて軽く煮る。好みでドライパセリをふった
ご飯にかける。

ビーフシチューがベースのカレー高級店のような深い味わい！

無水欧風ワインカレー

材料（3〜4人分）

牛こま切れ肉……300g

玉ねぎ（薄切り）……1個（350g）

マッシュルーム（縦半分に切る）……1パック（100g）

赤ワイン……300ml

a デミグラスソース缶……1缶（290g）

　コンソメ（顆粒）……大さじ1

　砂糖……小さじ2

ウスターソース……小さじ1½

バター……20g

おろしにんにく……1片分

カレー粉……大さじ2

サラダ油……大さじ1

作り方

1 フライパンにサラダ油を入れて中火で熱し、玉ねぎをあめ色になるまで炒める（**A**）。

2 マッシュルーム、牛肉を加えて炒め、ほぼ火が通ったら赤ワインを加え、強火でアルコールをとばしながら水分が半量になるまで煮詰める（**B**）。

3 aを加えて弱めの中火で10分ほど煮込み、カレー粉を加えて混ぜる。好みでドライパセリをふったご飯にかけ、生クリームをかける。

POINT 赤ワインは酸味と渋味が強いので強火でとばす。

牛肉の
スペッツァティーノ

材料(3~4人分)

牛かたまり肉
(小さめの一口大)……400g

にんにく(粗みじん切り)
……2片

玉ねぎ(みじん切り)
……1/2個(120g)

塩・こしょう……各適量

薄力粉……大さじ2

白ワイン(日本酒でも可)
……100ml

a トマト缶……1缶(400g)

| コンソメ(顆粒)
……小さじ1 1/2

| 塩……小さじ1/3

黒こしょう……たっぷり

オリーブ油……大さじ2

POINT セロリやニンジンを入れても。肉は粉をはたくと水分が保てる。

作り方

1 フライパンにオリーブ油を入れて中火で熱し、塩、こしょうをして薄力粉をまぶした牛肉を焼き色がつくまで焼き、取り出す。

2 1の油でにんにくを柴犬色に炒め、玉ねぎも炒める。肉を戻し入れて炒め合わせ(A)、白ワインを加える。

3 強火で沸騰させて、アルコールをとばしたら、**a**を加え(B)、混ぜる。ふたをして弱めの中火で肉が柔らかくなるまで50分~1時間、煮込む。黒こしょうをふり、好みでドライパセリをかける。

水から煮て
ポン酢＋にんにくで
漬けるだけ
トッピングにも便利！

にんにくのポン酢チャーシュー

材料（2〜3人分）

豚バラかたまり肉
……400g

ポン酢しょうゆ
……大さじ6

にんにく（つぶす）……2片

作り方

1 フライパンに豚肉とかぶるくらいの水を入れて中火にかけ、沸騰したらふたをして弱火で1時間〜1時間30分、柔らかくなるまでゆでる（**A**）。

2 保存袋に豚肉とポン酢、にんにくを入れ、空気を抜いて密閉し（**B**）、冷蔵庫で一晩おく。

3 食べるときに電子レンジで温め、一口大に切り、好みで万能ねぎを散らして辛子を添える。

POINT だんだん味は濃くなるが、冷蔵庫で2〜3日保存可能。にんにくの代わりにしょうがでもOK。

 **A**

 **B**

煮込み

味がしみた
手羽元と卵が
しみじみウマイ
ホッとする味

手羽元の中華風煮込み

<u>**材料（2～3人分）**</u>

手羽元……400g

ゆで卵……3～4個

しょうが（せん切り）
……10g

a 水……250ml

　┃ しょうゆ・
　┃ オイスターソース
　┃ ……各大さじ1
　┃ 中華スープの素（ペースト）
　┃ ……小さじ½

サラダ油……小さじ1

<u>**作り方**</u>

1 小さめのフライパン（直径20cm）にサラダ油を入れて中火で熱し、手羽元を焼き目がつくまで焼く（**A**）。

2 ゆで卵、しょうが、**a**を加え（**B**）、沸騰したら、ふたをして弱火で30分、ときどき返しながら煮込む。

POINT 好みで五香粉を仕上げに少々混ぜると、より本格的な味に。

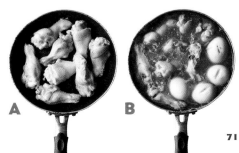

肉はホロホロ
かぶはとろとろ！
このうまさを
体験してほしい

鶏とかぶの烏龍茶煮込み

材料（2〜3人分）

鶏もも肉（一口大に切る）
……250g

かぶ（茎を残して皮つきで
4等分に切り、葉はざく切り）
……7個（350g）

塩……1つまみ

薄力粉……小さじ4

a 烏龍茶……250ml
　麺つゆ（3倍濃縮）
　……60ml

作り方

1 鶏肉は塩をふり、薄力粉をまぶす。

2 フライパンに鶏肉、かぶ、aを入れて（**A**）弱めの中火にかけ、沸騰したら、ふたをして20分煮る。

POINT 烏龍茶で煮込むと鶏肉の臭みが消え、深い味に。
練りわさびで味変もおすすめ。

A

ルウを使わずにこのうまさ！
甘酒の甘みが白菜と相性抜群

白菜の甘酒シチュー

A　B

材料（3〜4人分）

鶏もも肉（一口大に切る）……1枚（300g）

白菜（2〜3m幅に切る）……300g

塩・こしょう……各適量

薄力粉……大さじ2

バター……15g

a 牛乳……300ml

　甘酒（アルコール不使用）……150ml

　コンソメ（顆粒）……大さじ1弱

作り方

1 フライパンにバターを入れて中火で熱し、塩、こしょうをした鶏肉を焼く。

2 焼き色がついたら白菜を加えて（A）軽く炒め、薄力粉を加えて全体になじむまで炒める。

3 aを加え、強火でとろみがつくまで煮て（B）、こしょうをふる。

POINT 具材に薄力粉をなじませてから牛乳と甘酒を加え、混ぜながらとろみをつける。

1品で満足！
のっけ飯
＆炒め飯

7章

しょうがのきいた肉そぼろとやさしい甘さの卵がたまらない！

本当においしい そぼろ丼

材料（1人分）

ご飯……200g
卵……2個
a 白だし……小さじ1
　　酒・砂糖
　　……各小さじ2
　　塩……少々

豚ひき肉……80g
しょうが（みじん切り）
　　……5g
b 酒・みりん
　　……各大さじ1
　　しょうゆ……小さじ1
　　白だし……小さじ2
万能ねぎ（小口切り）
　　……適量
ごま油……小さじ2
サラダ油……小さじ1

作り方

1 ボウルに卵を溶きほぐし、**a**を加えて混ぜる。ごま油を入れて中火で熱したフライパンでそぼろ状に炒め（**A**）、取り出す。

2 フライパンにサラダ油を入れて中火で熱し、しょうがを炒める。**b**を加え、沸騰したら豚ひき肉を加え、ほぐしながら汁気がなくなるまで煮る（**B**）。

3 器にご飯を盛り、**1**と**2**をのせ、万能ねぎをのせる。

POINT 卵にも下味を。肉そぼろと一緒に食べるとバランスが◎。

大満足の混ぜご飯 シャキシャキのレタスが抜群にウマイ！

レタスのぺぺ飯

材料（1人分）

ご飯（温かいもの）……200g
鶏ひき肉……70g
にんにく（粗みじん切り）……1片
赤唐辛子（輪切り）……1本
レタス（一口大にちぎる）……¼個（100g）
塩・こしょう……各適量
コンソメ（顆粒）……小さじ1
しょうゆ……小さじ½
オリーブ油……大さじ1

作り方

1 フライパンにオリーブ油を入れて弱火で熱し、にんにく、赤唐辛子を炒める。香りが出たら、塩、こしょうをした鶏ひき肉を中火で炒める。

2 火が通ったら、コンソメとレタスを加えて炒め合わせる（A）。

3 火を止めてご飯を混ぜ（B）、しょうゆも混ぜる。器に盛り、好みで黒こしょうをふる。

POINT レタスはさっと炒めて食感を残す。ご飯は炒めず、混ぜるだけ。

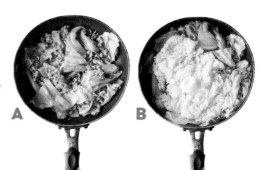

A　B

納豆とキムチは
黄金コンビ
絶対においしい
ウマ辛の一皿！

納豆キムチチャーハン

材料（1人分）

ご飯（温かいもの）……200g
白菜キムチ（細かく刻む）
……100g
納豆……1パック
溶き卵……1個分
a うまみ調味料……7ふり
　｜塩……小さじ1/4
　｜しょうゆ……小さじ1/2
　｜黒こしょう……適量
ごま油……大さじ1

作り方

1 フライパンにごま油を入れて中火で熱し、キムチを炒め、
納豆も加えて炒める（**A**）。

2 具材を端に寄せて溶き卵を加え（**B**）、混ぜながらスクランブル状にする。

3 ご飯と**a**を加えて炒め合わせ、
器に盛り、好みで万能ねぎ、
ラー油をかける。

POINT 炒めた具材は取り出さず、
フライパンの中で一気に仕上げる。

A　　B

超簡単だけど！味は抜群！2層のご飯がポイント

シャウエッセン丼

材料（1人分）

ご飯……200g
卵……1個
ウィンナーソーセージ
……3本
削り節……適量
刻みのり……適量
しょうゆ……適量
サラダ油……小さじ1

作り方

1 フライパンにサラダ油を入れて中火で熱し、卵を割り入れて目玉焼きを作る。ウィンナーソーセージも一緒に焼く。

2 茶碗にご飯の半量を盛り、たっぷりの削り節をのせる（**A**）。残りのご飯を盛り、のりを散らす（**B**）。

3 1をのせ、しょうゆをかける。

POINT 名前の通り、ウィンナーソーセージはシャウエッセンを使用したが、好みのものでOK。

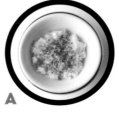
A

B

甘辛く煮た
豚バラは
ご飯何杯でも
イケル！

角切り豚バラ丼

材料（1人分）

ご飯……200g
豚バラかたまり肉
（2cm角に切る）……140g
長ねぎ（斜め薄切り）
……30g
塩・こしょう……各適量
片栗粉……小さじ1½
a 砂糖・みりん・
　しょうゆ……各大さじ1
　酒……大さじ2
　水……大さじ1

白だし……小さじ1
しょうが（せん切り）
……5g
紅しょうが・辛子
……各適量
サラダ油……小さじ1

作り方

1 フライパンにサラダ油を入れて中火で熱し、塩、こしょうをして片栗粉をまぶした豚肉を焼く。

2 火が通ったら油をふき取り（Ⓐ）、aを加えて混ぜ、沸騰したらふたをして弱火で5分煮る。火を止め、長ねぎを加えて混ぜる。

3 器にご飯を盛り、2をのせて紅しょうが、辛子を添える。

POINT 豚バラは脂がたくさん出るので、調味料を加える前にふき取る。

ラタトゥイユ丼

野菜がゴロゴロ！ペンネにも合う

材料(1人分)

ご飯……200g
ズッキーニ(8mm～1cm厚さの半月切り)……1/2本(120g)
なす(8mm～1cm厚さの半月切り)……1本(80g)
ベーコン(細切り)……40g
a トマトソース缶……1/2缶(150g)
　しょうゆ……小さじ1
　塩……小さじ1/4
　黒こしょう……適量
粉チーズ……適量
オリーブ油……大さじ1

作り方

1 フライパンにオリーブ油を入れて中火で熱し、ズッキーニ、なす、ベーコンを炒める。

2 なすがしんなりしたら、aを加えて(**A**)混ぜながら煮詰める。

3 器にご飯を盛り、**2**をかけて粉チーズをふり、好みでドライパセリをふる。

POINT 市販のソースを使うと調味がラク。カゴメ「基本のトマトソース」を使用。

A

ねぎ塩油鶏めし

鶏とねぎのうまみを吸収したご飯が優勝！

材料(1人分)

ご飯(温かいもの)……200g
鶏もも肉(一口大に切る)……100g
長ねぎ(みじん切り)……1/2本(50g)
塩・こしょう……各適量
a 白だし……小さじ4
　砂糖……小さじ1/2
卵黄……1個分
黒こしょう……適量
ごま油……大さじ1

作り方

1 フライパンにごま油を入れて中火で熱し、塩、こしょうをした鶏肉を炒める。

2 カリッと焼き色がついたら、長ねぎを加えて炒める(**A**)。

3 火を止めてご飯、aを加えて混ぜ合わせ、器に盛って卵黄をのせ、黒こしょうをふる。

POINT 好みでレモン汁、ラー油、おろしにんにくを。

A

ガリバタビーフきのこ丼

コクのある
リッチな牛丼!

材料（1人分）

ご飯……200g
牛薄切り肉……100g
エリンギ（長さを半分に切って5〜6mm厚さの薄切り）
……50g
a 酒・みりん
　　……各大さじ1
　しょうゆ……小さじ2
　オイスターソース
　　……小さじ1
　おろしにんにく
　　……1片分
　砂糖……小さじ2/3
　うまみ調味料……3ふり
　黒こしょう……適量
バター……10g

作り方

1 フライパンにバターを入れて中火で熱し、牛肉を炒める。ほぼ火が通ったら、エリンギも加えて炒める（**A**）。

2 混ぜた**a**を加えてからめ、汁気が少なくなるまで煮詰める。

3 器にご飯を盛って**2**をかけ、好みで万能ねぎ、黒こしょうをふる。

POINT 調味料を加えたら、煮詰めながらしっかり味をしみ込ませる。

A

レモンステーキ丼

レモン×バターは
ただただウマイ

材料（1人分）

ご飯……200g
牛薄切り肉……120g
玉ねぎ（薄切り）
……1/8個（30g）
塩・こしょう……各適量
a しょうゆ・酒・みりん
　　……各大さじ1
　うまみ調味料……3ふり
　砂糖……小さじ1/2
　レモン汁
　　……小さじ2/3
万能ねぎ（小口切り）・
黒こしょう……各適量
レモンの輪切り……1枚
バター……8g
オリーブ油……小さじ1

作り方

1 フライパンにオリーブ油を入れて中火で熱し、塩、こしょうをした牛肉、玉ねぎを炒める。

2 玉ねぎがしんなりして肉に火が通ったら、**a**を加えて混ぜ、汁気が少なくなるまで軽く煮る（**A**）。

3 器にご飯を盛り、**2**をかける。万能ねぎを散らし、レモンとバターをのせ、黒こしょうをふる。

POINT バターを溶かして混ぜながら食べて。

A

豚バラ大葉めし

調味料は白だしのみ！素材のうまさで勝負

材料（1人分）

ご飯（温かいもの）
……200g
豚バラ薄切り肉（3〜4cm
長さに切る）……100g
青じそ（せん切り）……5枚
塩・こしょう……各適量
白だし……大さじ1 1/2
レモン……適量
ごま油……大さじ1

作り方

1 フライパンにごま油を入れて中火で熱し、塩、こしょうをした豚肉を炒める。

2 火が通ったら、白だしを加えて軽く炒め、火を止め、ご飯、青じそを加えて混ぜる（**A**）。器に盛り、レモンを添える。

POINT だしの風味と肉のうまみを、ご飯全体に行き渡らせる。

A

まるでソースチキンカツ丼

特製甘辛ソースで揚げずにカツ気分

A　　B

材料（1人分）

ご飯……200g
鶏もも肉（一口大に切る）
……120g
キャベツ（せん切り）……30g
塩・こしょう……各適量
片栗粉……小さじ2
a ウスターソース
　……大さじ1
　しょうゆ……小さじ2
　みりん……小さじ1
　砂糖……小さじ2/3
　うまみ調味料……2ふり
　バター……5g
万能ねぎ（小口切り）・
紅しょうが……各適量
サラダ油……大さじ1

作り方

1 フライパンにサラダ油を入れて中火で熱し、塩、こしょうをして片栗粉をまぶした鶏肉を焼く（**A**）。

2 器にご飯を盛ってキャベツを敷き、**1**をのせる。

3 フライパンの油をふいて**a**を入れ（**B**）、中火でとろみがつくまで少し煮詰め、**2**の肉にかける。万能ねぎ、紅しょうがをのせる。

POINT 肉に片栗粉をまぶすとカリッと香ばしく焼ける。

のっけ飯＆炒め飯

とんぺい丼

 **A** **B**  **C**

とんぺい焼きを丼にした夢の逸品

材料（1人分）

ご飯……200g
豚バラ薄切り肉
（3〜4cm長さに切る）……90g
キャベツ（一口大に切る）
……1/8個（120g）
溶き卵……1個分
塩・こしょう……各適量
a 中濃ソース・
　トマトケチャップ
　　……各大さじ1
　白だし・砂糖
　　……各小さじ1/2
b マヨネーズ・削り節・
　青のり……各適量
紅しょうが……適量
サラダ油……大さじ1

作り方

1 フライパンにサラダ油小さじ1 1/2を入れて中火で熱し、塩、こしょうをした豚肉を炒め、火が通ったらキャベツも加えて炒め合わせる。丼に盛ったご飯にのせる（**A**）。

2 フライパンにサラダ油小さじ1 1/2を入れて中火で熱し、溶き卵を流し入れ、スクランブル状に焼いて**1**にのせる（**B**）。

3 **a**を混ぜ合わせて**2**にかけ、**b**をかけて（**C**）紅しょうがを添える。

POINT とんぺい焼きは炒めた肉や野菜を卵で包む鉄板焼きメニュー。

トロなす豚丼

なすはトロトロ！肉はジューシー！

材料（1人分）

ご飯……200g
豚こま切れ肉（一口大にちぎる）……100g
なす（縦半分に切って5〜6mm厚さの斜め薄切り）
……1本（80g）
塩・こしょう……各適量
片栗粉……小さじ2
a 焼き肉のたれ
　　……大さじ1
　ポン酢しょうゆ
　　……大さじ1
卵黄……1個分
万能ねぎ（小口切り）・
七味唐辛子・煎りごま（白）
……各適量
ごま油……大さじ1

作り方

1 フライパンにごま油を入れて中火で熱し、塩、こしょうをして片栗粉をまぶした豚肉を広げて炒める。

2 火が通ったら、なすを加えて炒め、しんなりしたら（**A**）、**a**を加えてからめる。

3 器にご飯を盛り、**2**をのせる。卵黄をのせ、万能ねぎ、七味唐辛子、ごまをかける。

POINT なすは薄く切ると火が通りやすい。

 **A**

無限のりふりかけ

韓国のり風の味
酒のつまみにも!

材料(作りやすい分量)

焼きのり(大判全形)……3枚(10g)
a 塩……小さじ1/3
　うまみ調味料……7ふり
　煎りごま(白)……大さじ1
ごま油……大さじ2

作り方

1 フライパンにごま油を入れて中火で熱し、のりをもみながら、ちぎり入れる(**A**)。

2 **a**を加えてパリパリになるまで炒める(**B**)。茶碗に盛ったご飯(分量外)にのせる。

POINT 余ったら保存袋に入れ、4〜5日保存可能。

イタリアンピラフ

トマト×チーズ×
にんにくは
勝利確定の
うまさ!

材料(1人分)

ご飯(温かいもの)……200g
玉ねぎ(みじん切り)……1/4個(50g)
にんにく(粗みじん切り)……1片
a うまみ調味料……6ふり
　塩……小さじ1/4
　黒こしょう……適量
b トマト缶……1/2缶(200g)
　コンソメ(顆粒)……小さじ1
シーフードミックス(冷凍)……110g
c ピザ用チーズ……40g
　こしょう……適量
　しょうゆ……小さじ1
バター……10g
オリーブ油……大さじ1

作り方

1 フライパンにバターを入れて弱火で熱し、にんにくを炒める。色づいたら、ご飯と**a**を加えて中火で炒め合わせ(**A**)、器に盛る。

2 フライパンにオリーブ油を入れて中火で熱し、玉ねぎを炒め、**b**を加えて軽く煮詰める。

3 シーフードミックスを加え、火が通るまで煮たら、**c**を加え(**B**)、ふたをしてチーズを溶かす。**1**にかけ、好みでドライパセリをふる。

のっけ飯&炒め飯

しいたけのジャージャー飯

しいたけと
ひき肉の
極上の
ハーモニー！！

材料（1人分）

ご飯……200g
豚ひき肉……80g
生しいたけ（刻む）……60g
きゅうり（せん切り）……1/3本
塩・こしょう……各適量
a みそ……小さじ2
　オイスターソース……小さじ1
　酒……大さじ1
　中華スープの素（ペースト）
　……小さじ1/3
　砂糖……小さじ1
　おろしにんにく……1/2片分
b 片栗粉……小さじ1
　水……大さじ5
ラー油……適量
ごま油……小さじ2

作り方

1 フライパンにごま油を入れて中火で熱し、塩、こしょうをした豚ひき肉、しいたけを炒める。

2 火が通ったら、混ぜ合わせたaを加え、全体にからめる。

3 混ぜ合わせたbを加え（A）、混ぜながらとろみをつけ、器に盛ったご飯にかける。きゅうりをのせ、ラー油をかける。

POINT 肉厚なしいたけを加えてボリュームアップ。

A

魚肉ソーセージの給料日前キーマカレー

圧倒的な
コスパで
キーマになる
奇跡！

材料（1人分）

ご飯……200g
魚肉ソーセージ（角切り）
……1本
にんにく（粗みじん切り）
……1片
玉ねぎ（みじん切り）
……1/4個（60g）
塩・こしょう……各適量
卵（卵黄と卵白に分ける）
……1個
a トマトケチャップ
　……大さじ1
　コンソメ（顆粒）
　……小さじ1/2
カレー粉……小さじ1
サラダ油……大さじ1

作り方

1 フライパンにサラダ油を入れて中火で熱し、魚肉ソーセージを焼き色がつくまで炒める。

2 にんにく、玉ねぎ、塩、こしょうを加えて炒め、しんなりしたら卵白を加えて炒める（A）。

3 aを加えて炒め合わせ（B）、仕上げにカレー粉を混ぜる。皿に盛ったご飯にかけ、卵黄をのせる。

POINT 卵黄はトッピングに、卵白は具材に利用。

A　　B

ピーマン丼

ピーマンだけで米が食える魔法の丼

材料(1人分)

ご飯……200g
ピーマン(縦4等分に切る)
……3個(130g)
a しょうゆ・みりん・酒
　……各大さじ1
　うまみ調味料
　……4ふり
　黒こしょう……適量
煎りごま(白)……適量
ごま油……小さじ2

作り方

1 フライパンにごま油を入れて中火で熱し、ピーマンを焼き目がつくまで焼く(A)。

2 aを加えて汁気が少なくなるまで煮詰め、器に盛ったご飯にのせ、ごまをかける。

POINT ピーマンはじっくり焼き目をつけ、香ばしい風味をプラス。

A

スパムのサイコロステーキ丼

スパムと目玉焼きは約束されたうまさ!

材料(1人分)

ご飯……200g
スパム(約2cmの角切り)
……110g
a しょうゆ・酒・みりん
　……各小さじ2
　酢……小さじ1
　おろしにんにく
　……少々
　うまみ調味料……2ふり
　黒こしょう……適量
卵……1個
刻みのり・レタス
……各適量
バター……5g
サラダ油……小さじ1

作り方

1 フライパンにバターを入れて中火で熱し、スパムを焼き色がつくまで焼く。aを加え、からめながら煮詰める(A)。

2 器にご飯を盛ってのりとレタスを敷き、1をのせる。

3 フライパンにサラダ油を入れて中火で熱し、卵を割り入れて目玉焼きを作り(B)、2にのせる。

POINT 目玉焼きにもスパムのたれをかけてどうぞ。

A　　　B

のっけ飯&炒め飯

きつね丼

煮汁がしみ込んだ油揚げを堪能!

材料(1人分)

ご飯……200g

油揚げ(短冊切り)……2枚(40g)

長ねぎ(斜め薄切り)……1/3本(40g)

a 水……80ml

　麺つゆ(3倍濃縮)……大さじ2

　砂糖……小さじ1 1/2

卵黄……1個分

七味唐辛子……適量

作り方

1 小さめのフライパン(直径20cm)に油揚げ、長ねぎ、aを入れて中火にかけ、長ねぎが柔らかくなるまで煮る(A)。

2 丼にご飯を盛って1をのせ、卵黄をのせて七味唐辛子をふる。

POINT 卵黄をのせず、最後に溶き卵をまわし入れてもおいしい。

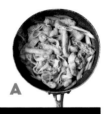

A

納豆ガパオライス

タイ料理を和風に青じそがさわやか

材料(1人分)

ご飯……200g

納豆……1パック

豚ひき肉……80g

にんにく(粗みじん切り)……1片

a 玉ねぎ(約1.5cmの角切り)……1/4個(50g)

　パプリカ(約1.5cmの角切り)……1/4個(40g)

　赤唐辛子(輪切り)……1本

青じそ(刻む)……5枚

塩・こしょう……各少々

b 白だし……小さじ2

　オイスターソース……小さじ1

　しょうゆ……小さじ1/2

卵……1個

サラダ油……大さじ1

作り方

1 フライパンにサラダ油小さじ2を入れて中火で熱し、にんにく、軽く塩、こしょうをした豚ひき肉を炒める。

2 火が通ったら、aを加えて炒め(A)、しんなりしたら納豆、bを加えて炒め合わせ、火を止めて青じそを混ぜる(B)。

3 器にご飯を盛り、2をかける。サラダ油小さじ1を熱したフライパンで目玉焼きを作ってのせる。

POINT 野菜は食感を感じるよう粗めに切る。

A　B

秒で作れる
即席麺

8章

牛乳＋バター＋卵黄で
辛さがマイルドに
スープがしみた
麺もウマイ！

チリカルボ辛ラーメン

材料（1人分）

インスタント袋麺
（辛ラーメン）……1袋

ベーコン（細切り）……40g

卵（卵白と卵黄に分ける）
……1個

a 牛乳……250ml
｜ 水……250ml

黒こしょう・粉チーズ
……各適量

バター……10g

作り方

1 フライパンにバターを入れて中火で熱し、ベーコンを炒め、火が通ったら**a**を加える。

2 沸騰したら卵白を加え、麺、付属のスープ、かやくを入れて（**A**）袋の表示時間通りに煮込む。

3 器に盛り、卵黄をのせて黒こしょう、粉チーズをかけ、好みでドライパセリをふる。

POINT ベーコンと粉チーズでうまみを補う。ホットソースで味変もおすすめ。

A

麺がつるつる
喉ごしがよい
夏におすすめの
自信作！

冷麺風ラーメン

材料（1人分）

インスタント袋麺（サッポロ
一番 しょうゆ味）……1袋

豚バラ薄切り肉（3〜4cm
長さに切る）……60g

白菜キムチ……60g

きゅうり（せん切り）……1/3本

ゆで卵……1/2個

a 冷水……200ml
　酢……小さじ2
　砂糖……小さじ1 1/2

ごま油……小さじ2

作り方

1 丼に付属のスープと a を入れて混ぜ（A）、
冷蔵庫で冷やしておく。

2 フライパンに湯を沸かし、麺と豚肉を一緒に
袋の表示時間通りにゆで（B）、ざるに上げて冷水で冷やす（C）。
水気をよく絞り、1 に加える。

3 キムチ、きゅうり、ゆで卵を盛り、付属のスパイス、ごま油をかける。

POINT 味がぼけてしまうので、麺の水気はよく絞ること。

即席麺の域を超えた！決め手は柚子おろし

究極の肉そば

材料（1人分）

インスタント袋麺
（マルちゃん正麺 醤油味）

豚バラ薄切り肉（3～4cm
長さに切る）……80g

玉ねぎ（薄切り）
……1/4個（50g）

a 大根（すりおろす）
│ ……40g
│ 柚子こしょう……3cm

b 水……440ml
│ みりん・酒……各小さじ2

しょうゆ……小さじ1/2

万能ねぎ（小口切り）・
七味唐辛子・焼きのり
……各適量

作り方

1 **a**は混ぜておく。フライパンに**b**と豚肉、玉ねぎを入れて中火にかけ、沸騰したらアクを取る。

2 麺を加えて（Ⓐ）袋の表示時間通りにゆで、付属のスープ、しょうゆを加えて混ぜる。

3 器に盛って**a**をのせ、万能ねぎ、七味唐辛子をかけ、のりを添える。

POINT トッピングの柚子おろしは他の料理にも使える。

A

冷製カルボナーララーメン

材料(1人分)

インスタント袋麺(サッポロ一番 塩らーめん)……1袋
ベーコン(細切り)……40g
豆乳(無調整)……200ml
卵黄……1個分
粉チーズ・黒こしょう
……各適量

塩気のきいた
豆乳スープ
あっさりだけど
食べごたえ十分!

作り方

1 フライパンに湯を沸かし、麺を袋の表示時間通りにゆでる。冷水で冷やし、水気をよく絞って皿に盛る。

2 フライパンでベーコンを焼き、1にのせる。豆乳と付属のスープを混ぜ合わせ、麺にかける。

3 卵黄をのせて粉チーズ、黒こしょう、付属のごまをかけ、好みでドライパセリをふる。

POINT ベーコンから脂が出るのでサラダ油を使わずに焼く。

あんかけチキンラーメン

ひと手間加えて
レベルアップ!

材料(1人分)

インスタント袋麺
(チキンラーメン)……1袋
肉入りカット野菜(冷凍)
……1袋(130g)
水……360ml
ごま油……小さじ1 ½
a 片栗粉……小さじ2
│ 水……小さじ4

作り方

1 フライパンに水を入れて中火にかけ、沸騰したら麺を入れてかためにゆで、器に麺のみを盛る。

2 1のスープに肉入りカット野菜を加え、沸騰したら、ごま油を加える。

3 混ぜたaを加えてとろみをつけ(A)、麺にかける。好みでラー油と酢をかける。

POINT セブン-イレブンの「肉入りカット野菜」を活用して包丁いらず。

A

即席麺

ガーリックトマト煮込みうどん

トマトスープがしみたうどんがもちもち！

材料（1人分）

冷凍うどん
……1玉（200g）

ベーコン（細切り）
……40g

玉ねぎ（薄切り）
……1/4個（50g）

a トマト缶
│……1/2缶（200g）
│おろしにんにく
│……1片分

b 水……150ml
│白だし……大さじ2

粉チーズ・オリーブ油
……各適量

オリーブ油……大さじ1

作り方

1 フライパンにオリーブ油を入れて中火で熱し、ベーコン、玉ねぎを炒める。しんなりしたら**a**を加え、とろみがつくまで少し煮詰める。

2 **b**を加え、ひと煮立ちしたら冷凍のままうどんを加えて沸かす。

3 器に盛り、粉チーズ、オリーブ油をかけ、好みでドライパセリをふる。

POINT 少し煮詰めてトマトの酸味をとばし、玉ねぎとベーコンのうまみをなじませる。冷凍うどんはレンチンしたものをスープに加えてもOK。

塩レタス焼きうどん

レタスのおいしさを最大限に味わう！

材料（1人分）

冷凍うどん
（レンジなどで温めたもの）
……1玉（200g）

鶏ひき肉……70g

レタス（一口大にちぎる）
……1/4個（100g）

にんにく（粗みじん切り）
……1片

塩・こしょう……各適量

a 白だし
│……大さじ1 1/2
│みりん……小さじ2
│酒……大さじ1

黒こしょう・ラー油
……各適量

ごま油……小さじ2

作り方

1 フライパンにごま油を入れて弱火で熱し、にんにくを炒める。香りが出たら、塩、こしょうをした鶏ひき肉を中火で炒める。

2 火が通ったら、うどんを加えて炒め合わせ、**a**を加え、レタスも加えてさっと炒める。器に盛り、黒こしょうとラー油をかける。

POINT レタスの食感を残すため軽く炒めて火を止める。

悪魔のガリバタコラーメン

コーン＋バターで魅惑の味に！

にんにく

材料（1人分）

インスタント袋麺（サッポロ一番 塩らーめん）……1袋
豚バラ薄切り肉（3〜4cm長さに切る）……100g
コーン缶……1/2缶（60g）
みりん・酒……各小さじ2
a 水……450ml
　おろしにんにく……1/2片分
黒こしょう・万能ねぎ（小口切り）……各適量
バター……10g

作り方

1 フライパンに豚肉を入れて中火でカリッと炒め（**A**）、コーンを加えて炒め、みりん、酒を加えて炒め合わせる。

2 **a**を加え、沸騰したら、麺を加えて（**B**）袋の表示時間通りにゆで、付属のスープを混ぜる。

3 器に盛って黒こしょう、付属のごまをふり、万能ねぎ、バターをのせる。

POINT 豚肉から脂が出るのでサラダ油は使わず炒める。

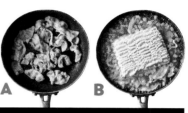

ぺぺたまラーメン

にんにくの香り、ふわふわ卵が絶品！

材料（1人分）

インスタント袋麺（サッポロ一番 塩らーめん）……1袋
にんにく（粗みじん切り）……2片
赤唐辛子（輪切り）……1本
水……450ml
溶き卵……2個分
万能ねぎ（小口切り）……適量
オリーブ油……大さじ1

作り方

1 フライパンにオリーブ油を入れて弱火で熱し、にんにくと赤唐辛子を炒め（**A**）、香りが出たら水を加える。

2 沸騰したら麺を入れて袋の表示時間通りにゆで、弱火にして溶き卵を加え（**B**）、付属のスープを混ぜる。器に盛り、万能ねぎ、付属のごまをかける。

POINT にんにくは色づくまでじっくり炒め、香りを油に移す。

即席麺

94

冷やしナポリタン

ワインにも合うしお弁当にもおすすめ！

材料（1人分）

スパゲッティ（太さ1.4mm）……100g
ピーマン（細切り）……30g
玉ねぎ（薄切り）……30g
ハム（細切り）……2枚
a トマトケチャップ
　……大さじ3
　ウスターソース
　……小さじ1
　オリーブ油……大さじ1
　コンソメ（顆粒）
　……小さじ1/3
　黒こしょう……適量
　おろしにんにく
　……1/3片分
粉チーズ……適量

作り方

1 ボウルに**a**を入れて混ぜ合わせ、ハムを加える（**A**）。

2 フライパンに水と塩小さじ1 1/2（分量外）を入れて沸かし、スパゲッティを袋の表示時間より1分ほど長くゆでる。ゆで上がりの1分前にピーマン、玉ねぎを加える（**B**）。

3 ざるに上げて冷水で冷やし、水気を絞る。**1**に入れて混ぜ合わせ、器に盛って粉チーズをふり、好みでタバスコをかける。

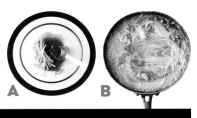

A　**B**

みょうがの和風ペペロンチーノ

ゆでながらパスタに味をしみ込ませる！

材料（1人分）

スパゲッティ（ゆで時間5分のもの）……100g
みょうが（薄切り）……1本
（好みで増やしてもOK）
にんにく（粗みじん切り）
　……1片
赤唐辛子（輪切り）
　……1本
a 水……320ml
　白だし・酒
　……各大さじ1
b しょうゆ……小さじ1
　オリーブ油……大さじ1
万能ねぎ（小口切り）
　……適量
オリーブ油……大さじ1

作り方

1 フライパンにオリーブ油を入れて弱火で熱し、にんにく、赤唐辛子を炒め、香りが出たら**a**を加えて中火で沸騰させる（**A**）。

2 スパゲッティを加えて（**B**）5分ゆで（水分が残っていたら強火でとばす）、**b**を加えて混ぜる。

3 器に盛り、みょうが、万能ねぎをのせる。

POINT フライパンに入れるときスパゲッティを半分くらい浸すと柔らかくなるので折らずに入れる。

A　**B**

リュウジ

料理研究家。身近な食材で簡単に作れる革命的なレシピをYouTubeやTwitterに投稿。「料理レシピ本大賞 in Japan」にて2018年・2019年に入賞、2020年には大賞を受賞。著書に『バズレシピ』シリーズ(扶桑社)、『リュウジ式悪魔のレシピ』(ライツ社)、『ほぼ100円飯』『ほぼ1ステップで作れるレンジ飯』『1人分のレンジ飯革命』(小社刊)など多数。

ワンパンで面倒なし！
フライパン飯革命

2021年4月21日　初版発行
2021年6月5日　4版発行

著者　　リュウジ
発行者　青柳 昌行
発行　　株式会社KADOKAWA
　　　　〒102-8177　東京都千代田区富士見2-13-3
　　　　電話 0570-002-301(ナビダイヤル)
印刷所　凸版印刷株式会社